I0884026

TIME FOR KIDS

Siempre crece
La piel

Dona Herweck Rice

Créditos de publicación

Rachelle Cracchiolo, M.S.Ed., *Editora comercial*
Conni Medina, M.A.Ed., *Gerente editorial*
Jamey Acosta, *Directora de contenido*
Dona Herweck Rice, *Realizadora de la serie*
Robin Erickson, *Diseñadora de multimedia*

Créditos de las imágenes: Portada, págs. 1, 6 ©iStock.com/Roger De Marfa; págs. 3, 12 DEA PICTURE LIBRARY/Getty Images; pág. 4 Michael Nolan/Getty Images; págs. 5–6 Andre Distel Photography/Getty Images; págs. 8, 11–12, contraportada Joel Sartore/Getty Images; pág. 10 ©iStock.com/estivillml; todas las demás imágenes de Shutterstock.

Library of Congress Cataloging-in-Publication Data

Rice, Dona.
Siempre crece. La piel / Dona Herweck Rice.
pages cm
Audience: K to grade 3.
Summary: "Algunos animales mudan la piel cuando crecen. Les crece piel nueva. ¡Luego la mudan de nuevo!" -- Provided by publisher.
ISBN 978-1-4938-2969-9 (pbk.)
1. Skin--Juvenile literature. I. Title. II. Title: Piel.
QL941.R48418 2016
591.47--dc23
2015031103

Teacher Created Materials
5301 Oceanus Drive
Huntington Beach, CA 92649-1030
http://www.tcmpub.com

ISBN 978-1-4938-2969-9

© 2016 Teacher Created Materials, Inc.

crecer

crecer

mudar

crecer

mudar

crecer

mudar

Palabras para aprender

crecer

mudar